BEI GRIN MACHT SICH IHR WISSEN BEZAHLT

AF140837

- Wir veröffentlichen Ihre Hausarbeit,
  Bachelor- und Masterarbeit

- Ihr eigenes eBook und Buch -
  weltweit in allen wichtigen Shops

- Verdienen Sie an jedem Verkauf

Jetzt bei www.GRIN.com hochladen und kostenlos publizieren

Bibliografische Information der Deutschen Nationalbibliothek:

Die Deutsche Bibliothek verzeichnet diese Publikation in der Deutschen National-bibliografie; detaillierte bibliografische Daten sind im Internet über http://dnb.d-nb.de/ abrufbar.

Impressum:

Copyright © 2016 GRIN Verlag, Open Publishing GmbH
Druck und Bindung: Books on Demand GmbH, Norderstedt Germany
ISBN: 978-3-668-17727-7

Dieses Buch bei GRIN:

http://www.grin.com/de/e-book/318434/semantisch-lexikalische-stoerung-sympto-matik-verlauf-und-diagnose

Christian Blum

Semantisch-lexikalische Störung. Symptomatik, Verlauf und Diagnose

GRIN Verlag

GRIN - Your knowledge has value

Der GRIN Verlag publiziert seit 1998 wissenschaftliche Arbeiten von Studenten, Hochschullehrern und anderen Akademikern als eBook und gedrucktes Buch. Die Verlagswebsite www.grin.com ist die ideale Plattform zur Veröffentlichung von Hausarbeiten, Abschlussarbeiten, wissenschaftlichen Aufsätzen, Dissertationen und Fachbüchern.

Besuchen Sie uns im Internet:

http://www.grin.com/

http://www.facebook.com/grincom

http://www.twitter.com/grin_com

Strategietherapie lexikalischer Störungen:

Wortschatzsammler und Wortschatzfinder

Semantisch-lexikalische Störungen

Student: Christian Blum

Seminar: Sprachliche Bildung und Förderung bei

Kindern mit Störungen in Sprache und Kommunikation

Referat: 18.12.2015

Inhalt

Abbildungsverzeichnis

1 Einleitung

Die vorliegende Arbeit umfasst die wiedergegebenen Inhalte sowie Ergänzungen der Seminargestaltung vom 18.12.2015 in dem Bereich *semantisch-lexikalische Störungen* im Referat zum Thema: *Strategietherapie lexikalischer Störungen: Wortschatzsammler und Wortschatzfinder*.

Die Seminargestaltung erfolgte als Gruppenreferat und wurde in folgende Bereiche unterteilt:

- semantisch-lexikalische Störungen
- Wortschatzsammler
- Therapieformen

Diese Arbeit wird in drei Teilen abgehandelt, zunächst wird der Begriff *semantisch-lexikalische Störung* erläutert. Im Anschluss wird das in Erscheinung treten und darauf aufbauend der Verlauf dieser sprachlichen Störung erarbeitet. Der zweite Teil umfasst den Aufbau und die schematische Verortung des Störungsbildes sowie eine Darstellung statistischer Werte zum Umfang des Wortschatzes im Deutschen. Abgeschlossen wird diese Arbeit mit der Erarbeitung der Diagnostik, dazu werden charakteristische Auffälligkeiten sowie aktuelle Diagnoseverfahren überblicksartig dargestellt und die Einordnung in die aktuelle *Internationale Klassifikation der Krankheiten und verwandter Gesundheitsprobleme* in der deutschen Modifikation vorgenommen.

2 Semantisch-lexikalische Störungen

Das folgende Kapitel umreißt die semantisch-lexikalischen Störungen, beginnend mit der Definition des Begriffs, über das Auftreten bzw. das in Erscheinung treten und schließt mit einem exemplarischen Verlauf, beginnend vom Kleinkind- bis ins Grundschulalter ab.

2.1 Definition

Die Feststellung von deutlich lückenhaftem, nicht vorhandenem oder nicht anwendbarem semantischem und/ oder lexikalischem Wissen wird als semantisch-lexikalische Störung bezeichnet. Die Beeinträchtigung dieses Wissens äußert sich in der Form, dass Wortbedeutungen nicht abgerufen bzw. nicht vorhanden oder Worte gänzlich unbekannt sind.[1]

Unter etymologischer Betrachtung wurde das Wort *semantisch* als Adjektiv im 20. Jahrhundert von dem Substantiv *Semantik* (für: die Lehre von den Wortbedeutungen) abgeleitet, welches sich aus dem griechischen *sêmantikós*, welches - *zu einem Zeichen gehörig* – bedeutet, ab. In seiner ursprünglichen Form wurde, im 19. Jahrhundert bis ins 20. Jahrhundert, der Begriff Semasiologie bzw. das Adjektiv semasiologisch verwendet, welches aus dem griechischen Wort *sêmasía* (für: das Bezeichnen bzw. Bezeichnung) entlehnt wurde.[2]

Das Wort *lexikalisch* (für: das Wörterbuch betreffend, zum Wörterbuch bzw. Wortschatz gehörig) findet als Adjektiv seit dem 18. Jahrhundert im deutschen Sprachraum Verwendung und wurde aus dem spätgriechischen *lexikón biblíon* (für: Wörterbuch) entlehnt.[3]

---

[1] Mayer 2012. 57
[2] Pfeifer 2004. 1278
[3] Pfeifer 2004. 796

2.2   Symptomatik

Semantisch-lexikalische Störungen können in allen Entwicklungsphasen, sowohl die Semantik, als auch den Bereich des *mentalen Lexikons*, betreffen.[4] Dabei äußern sich die Beeinträchtigungen durch Sprachproduktionsstörungen, es gelingt dem Kind häufig oder anhaltend nicht eine sprachliche Form zu bilden, die der Äußerungsintention angemessen erscheint. So werden beispielsweise Absichten, Wünsche, Bitten und Äußerungen der Kinder, nicht in einem gefächert breiten umgangssprachlichen Spektrum verbalisiert, sondern auf einen „Allzweckwortschatz" zurückgegriffen.[5] Des Weiteren gelingt dem Kind die lexikalische Interpretation einer sprachlichen Äußerung nicht oder ist häufig eine immense Herausforderung.[6]

Semantisch-lexikalische Störungen treten bei Kindern mit *Spezifischen Spracherwerbsstörungen* (SSES) gehäuft auf. Dabei sind jedoch organische oder sonstige Primärstörungen, wie Sinnesbeeinträchtigungen, neurologische oder geistige Beeinträchtigungen nicht diagnostizierbar, welche den Spracherwerb sowie die Sprach(re)produktion in diesem Umfang erklärbar machen würden. Die semantisch-lexikalischen Störungen stellen jedoch kein spezifisches Symptom der SSES dar, allerdings weisen ca. 60% der Kinder mit einer spezifischen Spracherwerbsstörung ebenfalls eine semantisch-lexikalische Störung auf. Entsprechende Wechselwirkungen beider Störungsmuster lassen sich dadurch erklären, dass letztlich bereits durch Verzögerungen im Spracherwerb auch die Sprachproduktion in einem deutlich reduzierten Umfang stattfinden kann.[7]

Die Symptomatik semantisch-lexikalischer Störungen lässt sich in zwei Teilbereiche kategorisieren. Dabei werden Defizite einerseits durch Auffälligkeiten in der Sprachproduktion und deutlicher Defizitkompensation in

---

[4] Oebels 2011. 16
[5] Mayer 2012. 54
[6] Mayer 2012. 57
[7] ebd.

Form der Verwendung von unspezifischen Universalworten oder Vermeidungsstrategien, im Sinne von nonverbaler Kommunikation, kenntlich. Andererseits durch qualitative und/ oder quantitative Defizite des mentalen Lexikons.[8]

2.3 Verlauf

Das Störungsbild der semantisch-lexikalischen Störungen tritt bereits im *Kleinkindalter* auf. So werden die ersten kommunikativ verwendeten Wörter mit einer Verzögerung von ca. 1 Jahr gegenüber dem regulären Spracherwerb genutzt.[9]

Bereits in einem *Alter von 2 Jahren* kann ein altersentsprechend-kritischer Wortschatz von 50 Worten nicht erreicht werden. Durch das zusätzlich eingeschränkte Sprachverständnis sowie fehlende Wortkombinationsfähigkeit entspricht der Entwicklungsstand einer „late-talker-Symptomatik".[10]

Im *Vorschulalter* können dann deutlich auffällige Einschränkungen im Verblexikon zu verzeichnen sein. Diese treten durch eine erheblich eingeschränkte Vielfalt im Bereich der Verben und deren Verwendung in Erscheinung. Durch die häufige Verwendung von „Allzweckverben" wie: tun & machen, versuchen die betroffenen Kinder ihre Defizite zu kompensieren. Diese Entwicklung wird häufig durch das Auftreten von *Wortfindungsstörungen* begleitet, sodass bei vorhandenen lexikalischen Einträgen zeitliche Verzögerungen in der Benennleistung deutlich werden.[11]

---

[8] Mayer 2012. 57
[9] ebd.
[10] ebd.
[11] ebd.

Als Folge im *Grundschulalter* wird, unter Anderem, das zur Entwicklung eines Wortschatzes wichtige Lesen, gemieden. Dieser Umstand begünstigt die Koexistenz von Lese-Rechtschreibschwierigkeiten bzw. diese Verstärken die bestehenden Entwicklungsunterschiede weiter.[12]

3 Mentales Lexikon

Das *Mentale Lexikon*, dessen Aufbau und Funktionsweise sowie statistische Werte zum Umfang des Wortschatzes im Deutschen, werden im folgenden Kapitel erarbeitet.

Das Modell des mentalen Lexikons nach **Levelt**[13] umfasst das gesamte Wortwissen und wird in einem Teilbereich des Langzeitgedächtnisses verortet. Dabei wird nicht jedes einzelne Wort als eigenständiger Eintrag gespeichert, sondern die Zusammenfassung der verschiedenen Wortformen. Die umfassenden Informationen wie: Semantik, Syntax, Morphologie und Phonologie, müssen somit für jedes Wort stets abstrahiert und in Beziehung gesetzt werden.[14] [15]

Nach Levelts Annahme ist von der Einheit des Lexems, der Grundform eines Wortes, auszugehen. Diese Grundform bleibt im Wesentlichen gleich. Darüberhinaus bergen ableitbare Wortformen zusätzliche grammatische Informationen, welche ebenfalls das mentale Lexikon verarbeitet und wiederum in Beziehung gesetzt werden müssen.[16]

Beispiele: **sing**en – ich **sing**e, du **sing**st, er **sing**t, wir **sing**en
           gehen – ich **geh**e, du **geh**st, er **geh**t, wir **geh**en

---

[12] Mayer 2012. 57
[13] Levelt, Willem (*1938) niederländischer Psycholinguist
[14] Oebels 2011. 4
[15] Mayer 2014. 54
[16] ebd.

Die Informationskategorien, welche bei der Speicherung von lexikalischen Einträgen umfassende Auskünfte vermitteln, werden im Folgenden überblicksartig und mit Beispielen dargestellt.

Unter *semantischen Informationen* eines Wortes kann man die Bündelung von Bedeutungsmerkmalen verstehen.[17]

So am Beispiel: „Hund"

* Tier
* Fell
* Vierbeiner
* Schnauze
* usw.

Syntaktische Informationen geben unter Anderem Auskunft über die Wortart (Verb, Nomen, usw.) sowie die Funktion des jeweiligen Wortes. Ebenso gibt Syntax Auskunft über die geforderten Argumente durch ein Verb. Die Syntax bestimmt die sprachrichtige Verknüpfung von Worten zu Wortgruppen sowie den Satzbau.[18] [19] [20]

Morphologische Informationen beinhalten das Genus und die Pluralbildung bei Nomen[21], beispielsweise durch:

* Endungen (Suffixe): Hund –e, Kind –er, Ohr – en
* Modifikationen durch Umlaute: Turm – Türme
* morphosyntaktisch (durch „Nullplurale") der Wanderer – die Wanderer

Ebenso die Flexionsformen bei Verben (Konjugation)[22], wie:

* ich fechte – du fichtst

---

[17] Mayer 2012. 54
[18] ebd.
[19] Oebels 2011. 5
[20] Pfeifer 2004. 1403
[21] Mayer 2012. 54
[22] ebd.

Phonologische Informationen umfassen neben der Laut- und Silbenstruktur auch die Betonung und den Wortakzent.[23]

Beispiel für Wortbedeutungen durch verschiedene Betonung:

- Konsum (mit Betonung auf 2. Silbe) = Verbrauch von Waren und Gütern
- Konsum (mit Betonung auf 1. Silbe) = genossenschaftliche Verkaufsstelle in der DDR

3.1 Aufbau

Das Modell des mentalen Lexikon beruht auf Levenlts Annahme, dass nicht als Worte selbst, sondern mehrdimensionale lexikalische Einträge gespeichert werden. Diese bereits genannten 4 Informationsdimensionen[24] ermöglichen darüberhinaus, dass Einträge auch aus mehreren Worten bestehen können, wie beispielsweise Redewendungen. Levelt geht davon aus, dass das mentale Lexikon aus verbundenen Teillexika besteht. Ein lexikalischer Eintrag ist somit in zwei Teile gespalten. Zum Einen als Lemmaebene, in welcher Semantik und Syntax gespeichert werden und zum Anderen als Lexemebene, in welcher phonologische und morphologische Informationen hinterlegt sind. Die assoziative Verbindung der beiden Teillexika wird durch „lexical pointer" hergestellt.[25] [26]

Abb. 1: Modell des Mentalen Lexikons nach Levelt (1989)

---

[23] Mayer 2012. 54
[24] 4 Dimensionen des lexikalischen Eintrages (Semantik, Syntax, Phonologie und Morphologie)
[25] Mayer 2012. 54f
[26] Oebels 2011. 4f

Ergebnisse neurologischer Experimente konnten belegen, dass unter Verwendung bildgebender Verfahren verschiedene Gehirnareale aktiv sind, wenn semantisch ähnliche Worte abgebildet wurden oder sich reimende Worte. Als weiterer Nachweis für diese Annahmen wird das Phänomen, wenn Worte *auf der Zunge liegen*, angeführt. Dabei können Worte beschrieben jedoch nicht benannt werden.[27] [28]

Daraus ergibt sich, dass Defizite und Störungen des Wortabrufs sowohl auf der Lemma- als auch auf der Lexemebene auftreten können. Darüberhinaus können die jeweiligen Informationsdimensionen innerhalb dieser Ebenen sowie die assoziative Verknüpfung der *lexical pointer* Störungen aufweisen.[29] [30]

3.2 Statistische Werte zum Wortschatz im Deutschen

Zur Vergegenwärtigung der umfassenden Anforderungen die das mentale Lexikon bewältigt, ist ein Überblick auf das Aktionsfeld, in dem dieser Teil des menschlichen Hirns agiert, geboten – der Wortschatz der deutschen Sprache.

Das deutsche Universalwörterbuch (Duden) gibt den durchschnittlichen personenbezogenen zentralen Wortschatz mit ca. *70.000 Worten* an. Wohingegen der Wortschatz der Alltagssprache bereits mit ca. *500.000 Worten* angegeben ist.[31]

Schlaefer gibt in seiner Publikation Lexikologie und Lexikographie einen geschätzten Wortbestand ca. *5 – 10 Millionen* Wörtern an. [32]

Wobei diese Angabe kritisch zu hinterfragen ist. Denn unter Einbeziehung von Fachsprachen sind Schlaefers Angaben nicht zu halten. Allein die

---

[27] Mayer 2012. 55
[28] Oebels 2011. 5
[29] Mayer 2012. 55
[30] Oebels 2011. 5
[31] Duden 2007. 13
[32] Schlaefer 2009. 31

fachspezifische Sprache in der Chemie, welche Winter 1986 in seiner Veröffentlichung *Benennungsmotive für chemische Stoffnamen* mit ca. *20 Millionen* Benennungen angibt, übersteigt Schlaefers Angabe. Der Vollständigkeit muss jedoch angefügt werden, dass es sich bei Schlaefers Publikation um eine Einführung in die Germanistik handelt.[33]

Abschließend gibt **Klein**[34] den Wortumfang der deutschen Sprache, allein für das 20. Jahrhundert, von ca. 1 Milliarde Wörtern, bestehend aus ca. 5 Millionen Lexemen, an.[35]

Es ist davon auszugehen, dass aus diesem breiten Spektrum einzelne bzw. Gruppen lexikalischer Einträge regional verschieden gehäufte Verwendung finden. Zusammenfassend muss festgestellt werden, dass es sich bei dem mentalen Lexikon um ein hyperkomplexes System handelt, welches nicht umfassend dargestellt werden kann.

4 Diagnostik

Unter Berücksichtigung der bereits gewonnenen Erkenntnisse muss festgestellt werden, dass die Diagnostik von semantisch-lexikalischen Störungen vor enormen Herausforderungen steht. Zum Einen ist der Wortschatz, wie bereits beschrieben, überaus groß, zum Anderen ist gerade dieser Wortschatz in einer stetigen Abhängigkeit zum Kontext des Sprechers. Darüberhinaus besteht die Schwierigkeit, dass Störungen nicht einem lexikalischen Eintrag zugeordnet werden können, da dieser Eintrag selbst verschiedene Informationen in sich birgt sowie die assoziative Verbindung ebenfalls Störungen aufweisen kann.[36]

---

[33] Winter 1986. 155ff
[34] Klein, Wolfgang (*1946) deutscher Linguist
[35] Klein 2013. 15ff
[36] Oebels 2011. 19

Aus diesen Gründen ist die Auseinandersetzung erforderlich, welche Anforderungen grundsätzlich an diagnostische Testverfahren für semantisch-lexikalische Störungen gestellt werden müssen. Als Mindestanforderung sollten Testverfahren in der Lage sein, folgende Fragen zu beantworten:[37]

Ist der Umfang des Wortschatzes eingeschränkt?

Liegen Störungen im Bereich der Bedeutung oder des phonologischen Lexikon vor?

Besteht ein Problem der Wortspeicherung oder des Zugriffs?

Treten semantisch-lexikalische Defizite auch in der rezeptiven Modalität auf?

4.1   Auffälligkeiten

In diesem Kapitel werden charakteristische Auffälligkeiten ausschließlich spiegelstrichartig aufgeführt. Diese wurden von Mayer übernommen und lediglich einer Auswahl unterzogen und gegebenenfalls durch Beispiele ergänzt.

- Verwendung eines Vielzweckwortschatzes und unspezifischer Wörter (Dings, tun, machen, ...)

- Häufiges Zeigen statt Benennung

- Fehlendes Nachfragen unbekannter Wörter

- Lange Antwortzeiten

---

[37] Mayer 2012. 58

- Umschreibungen in Aussehen und Funktion von Gegenständen oder Begriffen (Das Ding zum ...)

- Ersetzung von Nebenworten (semantisches Paraphrasieren) Baum statt Busch

- Vermeidendes Verhalten (Themenwechsel, Satzabbrüche)

4.2   Diagnoseverfahren

Im Folgenden wird je ein standardisiertes Testverfahren für den Vorschulbereich sowie für den Grundschulbereich überblicksartig vorgestellt.

Für den Vorschulbereich ist der 2005 revidierte *AWST-R 3-5* (Aktiver Wortschatztest) zu nennen. Dieses Testverfahren dient der Überprüfung der lexikalischen Fähigkeiten im Alter von: 3;6 -5;6 Jahre. Dabei müssen 75 Nomen und Verben benannt werden. Die Bewertung der Aussagekraft dieses Testverfahrens ist in fachlichen Kreisen sehr unterschiedlich. Einerseits wird AWST-R 3-5 als geeignetes Verfahren zur Exploration der lexikalischen Fähigkeiten sowie der objektiven Defizitfeststellung und ebenso zur Differenzierung des Nomens- und Verblexikons bezeichnet.[38] Andererseits wird die Aussagekraft auf Grund fehlenden Bezugs auf entwicklungstheoretische Daten sowie linguistische Gesichtspunkte in Frage gestellt.[39]

Zur fundierten Diagnostik semantisch-lexikalischer Störungen im Grundschulalter (5;6 – 10:11 Jahre) steht im deutschsprachigen Raum lediglich der WWT 6-10 zur Verfügung. Diesem Testverfahren sind die

---

[38] Mayer 2012. 59
[39] Glück 2000. In: Oebels 2011. 21

mehrdimensionalen Annahmen des Mentalen Lexikons zu Grunde gelegt, sodass die lexikalischen Fähigkeiten von Kindern umfassend exploriert werden können. Dabei liefert das Testverfahren Daten zur Antwortgenauigkeit, den Antworttypen sowie der Antwortzeit in der Softwareversion. Der WWT 6-10 umfasst einen obligatorischen Subtest in dem mittels Bildbenennung 95 Wörter, bestehend aus: 26 Nomen, 23 Verben, 23 Adjektiven und Adverbien sowie 23 kategoriale Oberbegriffen, benannt werden müssen. Zur Messung der Benennleistung werden die gleichen Wörter im zweiten Subtest wiederholt. Im dritten Subtest werden die fehlerhaften Benennungen aus den ersten beiden Durchläufen überprüft, dazu werden den Kindern vor der erneuten Benennung semantische und phonologische Hinweise angeboten. Ein vierter Subtest ermittelt das Wortverständnis. Durch die Vielzahl an Testmöglichkeiten wird mittels des WWT 6-10 eine umfassende Diagnose der semantisch-lexikalischen Störung auf qualitativer und quantitativer Sicht möglich. Darüberhinaus können Störungsschwerpunkte differenziert exploriert werden und berücksichtigen somit die bereits erwähnten Anforderungen und Herausforderungen der fundierten Diagnose semantisch-lexikalischer Störungen.[40] [41]

4.3 Diagnostische Einordnung

Abschließend steht die Frage, wie finden die gewonnenen Ergebnisse eines diagnostischen Verfahrens Verwendung?

Dazu werden im Folgenden die aus dem ICD-10-GM 2016 entnommenen Codierungen überblicksartig dargestellt.[42] Diese können unter Anderem bei amtsärztlichen Begutachtungen ein wesentliches Argument zur Gewährung entsprechender Hilfen und Unterstützungsleistungen bieten.

---

[40] Mayer 2012. 59
[41] Oebels 2011. 22f
[42] Deutsches Institut für Medizinische Dokumentation und Information 2015. www.dimdi.de

F80.- Umschriebene Entwicklungsstörungen des Sprechens und der Sprache

Beeinträchtigung/ Störung des normalen Musters des Spracherwerbs von frühen Entwicklungsstadien an

Keine direkte Zuordnung zu:

- neurologischen Störungen oder Veränderungen des Sprachablaufs
- sensorischen Beeinträchtigungen
- Intelligenzminderung oder Umweltfaktoren

Folgebeeinträchtigungen durch Entwicklungsstörungen des Sprechens und der Sprache:

- Schwierigkeiten beim Lesen und Rechtschreiben
- Störungen im Bereich der zwischenmenschlichen Beziehungen
- im emotionalen und Verhaltensbereich

F80.1 Expressive[43] Sprachstörung

Entwicklungsstörung, bei der die Fähigkeit des Kindes, die expressiv gesprochene Sprache zu gebrauchen, deutlich unterhalb des seinem Intelligenzalter angemessenen Niveaus liegt, das Sprachverständnis liegt jedoch im Normbereich. Störungen der Artikulation können vorkommen.

Exkl.:

- Dysphasie und Aphasie - entwicklungsbedingt, rezeptiver Typ o.n.A.
- Elektiver Mutismus
- Erworbene Aphasie mit Epilepsie [Landau-Kleffner-Syndrom]
- Intelligenzstörung
- Tiefgreifende Entwicklungsstörungen

---

[43] Expressiv – geistige Aufnahme und Verarbeitung jedoch fehlender Ausdruck

14

F80.2 Rezeptive[44] Sprachstörung

Eine umschriebene Entwicklungsstörung, bei der das Sprachverständnis des Kindes unterhalb des seinem Intelligenzalter angemessenen Niveaus liegt. In praktisch allen Fällen ist auch die expressive Sprache deutlich beeinflusst, Störungen in der Wort-Laut-Produktion sind häufig.

* Angeborene fehlende akustische Wahrnehmung
* Entwicklungsbedingt: Dysphasie oder Aphasie, rezeptiver Typ
* Wernicke-Aphasie
* Worttaubheit

Exkl.:

* Autismus
* Dysphasie und Aphasie: entwicklungsbedingt, expressiver Typ o.n.A.
* Elektiver Mutismus
* Erworbene Aphasie mit Epilepsie [Landau-Kleffner-Syndrom]
* Intelligenzstörung
* Sprachentwicklungsverzögerung infolge von Schwerhörigkeit oder Taubheit

F80.9 Entwicklungsstörung des Sprechens oder der Sprache, nicht näher bezeichnet

* Sprachstörung o.n.A.

---

[44] Rezeptiv – geistige Aufnahme ohne aktive Verarbeitung

Quellenverzeichnis

Deutsches Institut für Medizinische Dokumentation und Information (2015).
ICD-10-GM Version 2016. https://www.dimdi.de/static/de/klassi/icd-10-gm/kodesuche/onlinefassungen/htmlgm2016/block-f80-f89.htm
(14.12.2015 21:39)

Deutsches Universalwörterbuch (2007). Duden. 6. Auflage. Mannheim/
Leipzig/ Wien/ Zürich

Glück, Christian Wolfgang (2000). Kindliche Wortfindungsstörungen. Ein
Bericht des aktuellen Erkenntnisstandes zu Grundlagen, Diagnostik und
Therapie. 2. Auflage. Frankfurt am Main

Klein, Wolfgang (2013). Von Reichtum und Armut des deutschen
Wortschatzes. In: Reichtum und Armut der deutschen Sprache. Erster
Bericht zur Lage der deutschen Sprache. Berlin/ Boston

Mayer, Andreas (2012). Semantisch-lexikalische Störungen - Basisartikel
In: Sprachförderung und Sprachtherapie in Schule und Praxis. 1, 54-62

Oebels, Judtih (2011). Diagnostik semantisch-lexikalischer Störungen im
Grundschulalter. Vergleich eines standardisierten Verfahrens mit einer
Spontansprachanalyse. In Grohnfeldt, Manfred; Reber, Karin (Hrsg.):
Sprachheilpädagogik und Sprachtherapie. https://epub.ub.uni-muenchen.de/12776/1/Oebels_Judith.pdf (17.12.2015 18:45)

Pfeifer, Wolfgang (2004). Etymologisches Wörterbuch des Deutschen.
7.Auflage. München

Schlaefer, Michael (2009) Lexikologie und Lexikographie. 2. Auflage. Berlin

Horst Winter (1986) Benennungsmotive für chemische Stoffnamen. In: Special
    Language/ Fachsprache 8